자두의 고민 일기장

자두의 고민 일기장

2015년 11월 20일 초판 1쇄 발행
2022년 10월 30일 초판 7쇄 발행

글 | 박현숙
그림 | 김정진

발행인 | 정동훈
편집인 | 여영아
편집 | 김지현, 김학림, 김상범, 김지수, 변지현
디자인 | 장현순
제작 | 김종훈
발행처 | ㈜학산문화사
등록 | 1995년 7월 1일 제3-632호
주소 | 서울 동작구 상도로 282 학산빌딩
전화 | 편집 문의 02-828-8873 영업 문의 02-828-8962
팩스 | 02-823-5109
홈페이지 | www.haksanpub.co.kr

ⓒ이빈, 박현숙, 김정진 2015
ISBN 979-11-256-4572-6 74330
　　　979-11-256-4573-3 (세트)

※KC마크는 이 제품이 공통안전기준에 적합하였음을 의미합니다.
※이 책은 저작권법에 따라 한국 내에서 보호받는 저작물이므로 무단 전재와 무단 복제를 금합니다.
　이 책의 전부 또는 일부를 이용하려면 반드시 저작권자와 출판사의 동의를 받아야 합니다.
※잘못된 책은 바꾸어 드립니다.

안녕 자두야 너 무슨 고민 있니?

자두의 고민 일기장

채우리

이 세상에 고민이 없는 사람이 있을까?

'나는 아무 고민 없는데요?'

이렇게 말하는 친구도 있을 거야. 하긴 나도 초등학교 2학년 때까지는 고민 같은 거는 없다고 생각했었어. 밥도 잘 먹고, 잠도 잘 자고, 공부는 아주 잘하지는 않았지만 약간은 잘했고. 그러니 무슨 고민이 있었겠니.

그런데 말이야, 3학년이 되고 딱 한 달이 지났을 때야. 엉덩이에 여드름 같은 것이 솟는 거야. 처음에는 좁쌀처럼 작았어. 그런데 하룻밤 자고 나자 쌀알만큼 커지고 또 하룻밤 자고 나자 콩알만큼 커지는 거야. 점점 부풀어 옷을 뚫고 나오면 어쩌나 걱정이 되기 시작했어. 고민이 되기 시작했지. 엄마에게는 말해야 하지 않을까?

하지만 엄마가 엄마 친구에게 말하면 엄마 친구는 또 다른
친구에게 말을 하겠지. 그러면 그 소문은 퍼져나가겠지.
내 고민도 점점 커지기 시작했단다. 마음도 불안해져서
밥도 먹기 싫고 잠도 자기 싫고 공부도 하기 싫어졌어.
'그래, 일기장에다 고민을 말하자.'
어느 날, 그런 생각이 딱 드는 거야. 고민을 혼자 마음에
품고 있는 것보다는 일기장에 쓰면 마음이 편할 것 같았거든.
그러자 정말 놀라운 일이 일어났어. 고민은 더 이상 나만의 고민이
아니었어. 일기장이 멋진 친구가 되어 주었거든. 그것뿐만이
아니야. 엄마와 선생님은 일기장 끝에 응원의 말도 써 주었단다.
아무에게도 소문내지 않고 말이야.
너희들 명랑 소녀 자두 알지? 자두가 어느 날 나에게 고민이
생겼다고 그러더라고. 그래서 '고민 일기장'을 쓰라고 했어.
아마 자두도 지금은 속이 시원할 거야.
너희들도 고민이 생기면 일기장과 친구해 봐, 알았지?

백현숙

차례

고민1 거짓말 타조 뼈가 필요했다 ★8

고민2 공공질서 애기 데리고 여탕 간 날 ★16

고민3 외모 예뻐지고 싶은 게 죄야? ★24

고민4 오해 귀신이냐, 사람이냐 ★32

고민5 차별 진짜 엄마는 왜 돌아가셨나요? ★40

고민6 생명 억지로 죽인다고? ★48

고민7 꾸중 **나는 항아리가 아닙니다** ★56

고민8 식습관 **우아한 여자** ★64

고민9 이성 문제 **결혼은 왜 꼭 어른이 되어야 하나?** ★72

고민10 성장 **원피스 찢어지겠다** ★80

고민11 장래 희망 **되고 싶다고 하면 그냥 시켜 주나?** ★88

고민12 성적 **재랑 놀지 마** ★96

내가 어쩌다가 타조를 먹었다고 자랑했을까?

은희가 칠면조 요리를 먹었다고 잘난 척하는 바람에 이렇게 되었다.

"흥, 겨우 칠면조? 나는 타조 고기 먹었거든. 우리 집에는 타조 뼈도 있다!"

먹었다고 하고 끝냈으면 좋았을 것을 뼈 타령까지 하고 말았다.

"그럼 타조 뼈 갖고 와 봐."

헉! 타조 뼈는커녕 타조 털도 하나 없는데, 큰일이었다. 머리가 터지게 고민 고민하다 떠오른 게 치킨이었다. 뼈만 보고 타조인지 닭인지 은희가 알게 뭐람.

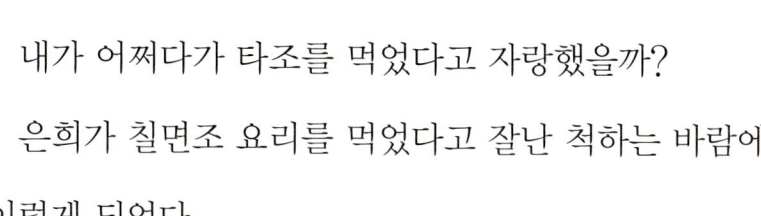    

"엄마, 내가 영양실조인지 어지러워. 치킨 한 마리만 시켜 줘."

"닭이 먹고 싶어?"

짠순이 엄마가 웬일로 순순히 물었다. 너무 고마워서 왈칵 눈물이 나려는 순간 엄마는 냉장고를 열고 달걀 세 개를 꺼냈다.

"한 마리 갖고 되겠니? 세 마리 먹어라."

나는 비린 생달걀 세 개를 먹으며 왜 달걀에는

뼈가 없을까 원망했다.

하지만 저녁에 기회가 왔다. 엄마가 미미와 애기를 데리고 반상회에 간 것이다. 나는 소파에 길게 누워 있는 아빠에게 치킨을 시켜 달라고 졸랐다.

"치킨? 좋지. 그런데 돈이 없다. 그동안 모은 돈으로는 엄마 생일 선물 사야 하거든. 엄마가 아빠한테 시집와서 자두, 미미,

애기 키우느라고 고생하고 스트레스로 살만 쪘는데 여태 보석 반지 하나 못 사 줬잖니."

아빠는 콧구멍을 벌름거리고 치킨 못 먹는 것을 안타까워했다.

"반 마리라도 시키면 안 될까? 나는 고기는 안 먹고 뼈만 빨아도 되는데."

하지만 치킨 반 마리는 팔지 않는다고 했다. 그래서 한 마리를 시키게 되었다. 아빠는 맥주도 시켰다.

그런데 엄마는 반상회가 끝나고 바로 오지 않았다. 공짜 가루비누를 얻으러 갔기 때문이다. 세탁소 아줌마는 왜 그때 하필 가루비누를 공짜로 준다고 했을까?

아빠는 맥주가 더 마시고 싶다면서 마트로 맥주를 사러 갔다. 돈을 조금만 들고 나갔으면 됐을 텐데, 지갑을 들고 나갔다가 잃어버렸다.

"흥흥흥, 결혼 십이 년만에 제대로 된 선물 한번 하려고 했는데."

아빠는 훌쩍훌쩍 울기까지 했다. 아빠는 점퍼 주머니에 있던 이만이천 원으로 가짜 보석 반지를 사서 엄마 생일 선물로 주었다. 아빠와 나는 보석이 가짜라는 것을 죽을 때까지 비밀로 하기로 했다.

나는 은희에게 닭 뼈를 보여 주고 타조 뼈라고 했다. 은희는 타조 뼈가 왜 이렇게 작으냐고 물었다.

"아기 타조다, 아기 타조! 너는 태어날 때부터 컸냐?"

내 말에 은희는 아무 말도 못했다.

그런데 엄마한테 미안했다. 엄마는 오늘 저녁에도 수건으로 반지 광을 내고 있었다. 아빠도 엄마와 눈을 마주치지 못하고 자꾸 허공만 바라봤다.

3월 7일 월요일 | 날씨: 타조가 날아갈 만큼 센 바람이 분 날

은희가 잘난 척했다. 그래서 나는 타조 뼈가 필요해졌다. 타조 뼈 때문에 엄마가 가짜 반지를 선물로 받았다. 아빠는 진짜 반지라고 거짓말했다. 나보고 죽을 때까지 비밀을 지키라고 했다. 아빠는 울었다. 나는 나중에 크면 뼈가 있는 달걀에 대해 연구를 하고 싶다. 근데 아빠가 나보다 먼저 돌아가실 텐데 그때도 말하면 안 되는지 궁금하다. 엄마한테 거짓말을 하면 미안하다.

엄마는 가짜 반지라도 선물한 아빠의 사랑에 감동 받으셨을 테니 자두야! 힘내.

선생님이 도와줄게!

거짓말은 대단한 힘을 갖고 있어요. 한 번 시작한 거짓말은 날이 가면 갈수록 점점 더 커지거든요. 한 번 거짓말을 하면 그 거짓말을 감추기 위해 또 다른 거짓말을 해요. 그러다 보면 나도 모르게 거짓말쟁이가 되어 있는 거예요. 양치기 소년의 이야기 알지요? 재미로 거짓말을 하다 나중에 정말 위험에 빠졌을 때 아무런 도움도 받지 못했잖아요. 자주 거짓말을 하면 중요한 순간에 아무도 믿어 주지 않을 거예요.

우리 애기는 여섯 살이다. 한눈에 봐도 남자 같이 생겼다. 그런데 엄마 눈에는 아직 남자로 보이지 않는 게 문제다.

"일요일이니 오랜만에 때 좀 밀러 갑시다."

목욕탕에 가자는 엄마 말에 아빠는 약속이 있다고 나가 버렸다.

"그럼 우리끼리 가지 뭐."

"엄마 애기는? 애가 혼자 남탕 가?"

미미는 걱정 근심이 가득 찬 얼굴로 물었다.

"애기도 우리랑 같이 가면 되지! 뭐가 걱정이야?"

그럼 엄마와 미미 그리고 나도 남탕에 가자는 말? 남탕 안이 머릿속에 떠오르는 순간 공연히 얼굴이 뜨거워졌다.

"나는 흠흠, 안 갈래. 윤석이를 만날 수 있고 성훈이도 만날 수 있는데."

"윤석이랑 성훈이가 여탕에 와? 초등학생이?"

엄마는 목욕 바구니를 챙겨 들며 말했다. 그럼 애기를 데리고 여탕에 가자는 말? 밥도 한 끼에 두 그릇이나 먹어서 요즘 부쩍 큰 애기를? 눈이 약간 어두운 할머니 할아버지가 보면 아빠 동생이냐고 물을 정도다.

"사람들이 애기보고 몇 살이냐고 하면 네 살 조금 넘었고 다섯 살은 아직 안 되었다고 해. 진짜 애기지 뭐, 애기!"

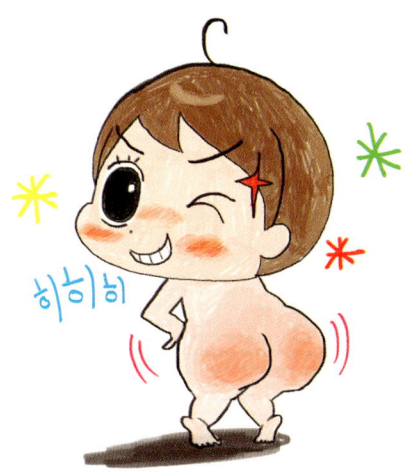

 엄마는 애기를 업고 갔다. 뒤에서 보니 애기 엉덩이가 엄마 엉덩이보다 더 컸다.

 "업은 아이가 여자예요? 남자예요?"

 목욕비를 내는데 아줌마가 물었다.

 "애기예요, 애기."

 엄마는 이렇게 대답했다.

 "몇 살이에요?"

 목욕탕 아줌마가 또 물었지만 엄마는 그냥 들어갔다. 내가 네 살 조금 넘었다고 대답했다.

목욕탕 입구는 무사히 통과했다.

"세상에, 초등학교 6학년은 되어 보이구먼 여탕에 오면 어떡해. 망측해라."

옷을 벗고 안에 들어갔는데 아줌마들이 화를 냈다.

"맙소사. 아직도 이렇게 무식한 사람이 있나? 당장 데리고 나가요."

우리는 공공질서도 지키지 않는 무식한 사람들이

되어 쫓겨났다.

"네 눈에는 저 아이가 네 살 조금 넘은 거로 보이니?"

목욕탕 아줌마가 마녀처럼 눈을 치켜뜨고 나에게 물었다. 할 말이 없었다. 앞으로 목욕탕에 어떻게 가야 할지 걱정이다. 먼 곳으로 가야지, 뭐.

3월 20일 일요일 | 날씨 새까만 먼지 구름 때문에 목욕한 날

오늘 애기를 데리고 여탕에 갔다. 엄마가 괜찮다고 했는데 하나도 안 괜찮았다. 우리는 때도 못 밀고 쫓겨났다. 목욕탕 아줌마가 나한테 막 화를 냈다. 떡볶이도 못 먹고 기분이 나쁜 하루였다. 민지한테 목욕탕 아줌마가 나쁘다고 욕을 했더니 우리 엄마가 공공질서를 지키지 않는 사람이라고 했다. 다음부터는 공공질서를 잘 지켜야겠다. 앞으로 창피해서 목욕탕에 어떻게 가지?

저런! 앞으로 애기는 아빠와 함께 남탕으로 가라고 해!

선생님이 도와줄게!

공공질서와 예절은 여러 사람이 어울려 살면서 꼭 지켜야 할 일들이에요. 나 하나쯤이야 하고 지키지 않으면 여러 사람이 불편하게 되지요. 우리가 지켜야 할 공공질서에는 차례 지키기, 쓰레기 버리지 않기, 떠들지 않기 등 여러 가지가 있어요. 대중목욕탕에서는 남자는 남탕으로 여자는 여탕으로 가야 해요. 그리고 탕 안에서 때를 밀지 말고 물장구를 치지 말아야 해요.

학교 앞 문방구에 처음 보는 것이 진열되어 있었다.

"아줌마 이게 뭐예요?"

"오늘 나온 신상품인데 입술에 바르는 거야. 반짝반짝 윤이 나서 원래 입술보다 열 배는 예쁘게 보이지."

가격도 딱 내 수준에 맞는 500원이었다. 500원에 열 배는 예뻐 보일 수 있다니! 이런 대단한 물건을 파는 문방구 아줌마가 천사로 보였다.

문방구 아줌마는 내가 화장품을 사는 첫 손님이라고 했다. 앞으로 아이들한테 소문을 잘 내달라면서 100원을 깎아 주었다.

"이건 서비스! 마음에 들면 다음부터 사서 써."

100원 깎아 준 것도 고마운데 바르면 얼굴이 하얗게 보인다는 화장품도 공짜로 주었다.

나는 400원 주고 산 화장품과 공짜로 얻은 화장품을 민지와 함께 발랐다.

옆에서 구경하던 돌돌이도 함께 발랐다. 돌돌이는 화장품 값으로 나중에 양념 감자를 사면 몇 개 준다고 했다.

아침에 일어나서 화장실에 간 나는 웬 아프리카 사람이 우리 집에 온 줄 알았다. 거울 속에 입술이 엄청 두꺼운 여자아이가 서 있었다.

"으악, 자두야! 네 입술이 왜 그래?"

콩나물국의 간을 보고 있던 엄마가 놀라서 국자를

떨어뜨렸다.

나는 마스크를 쓰고 학교에 갔다. 민지는 입술은 괜찮은데 얼굴에 빨간 꽃이 활짝 펴서 왔다. 학교 마치면 피부과에 간다고 했다. 돌돌이만 괜찮았다.

계속 마스크를 쓰고 있다가 급식을 먹을 때 벗었다. 마스크를 쓰고도 밥을 먹을 수 있다면 얼마나 좋을까?

"푸하하하하! 토인이다, 토인!"

은희가 식판으로 책상을 두드리며 배를 잡고 웃었다. 입술은 아침보다 더 부어 있었다. 얼마나 두툼한지 눈과 코는 아예 보이지도 않았다.

"문방구에서 싸구려 화장품 사서 발랐지?"

헉! 나는 내 마음속을 들킨 것 같아 얼른 두 팔로 가슴을 감쌌다.

"보나마나 뻔하지. 요즘 뉴스에서 자주 나오거든.

아무리 못생긴 얼굴이지만 불량 화장품을 발라서야 되겠니? 나는 백화점에서 파는 화장품만 쓰거든."

못생긴 얼굴이라니, 누가? 내가? 민지가? 그래도 한마디도 못했다. 거울에 비친 내 얼굴이 원래 얼굴보다 열 배는 못생겼기 때문이다.

학교를 마치고 문방구 아줌마에게 부작용이라고 도로 돈을 돌려 달라고 했다. 문방구 아줌마는 그런 것까지 책임져서는 장사를 못 해 먹는다고 했다.

휴, 저 화장품을 어떻게 해야 하지? 버릴 수도 없고. 열 배 예뻐지려다가 돈도 날리고 토인만 되었다.

4월 13일 수요일 | 날씨 봄비가 내려 쌀쌀했던 날

문방구 아줌마는 마녀다. 내 입술을 아프리카 토인으로 만들어 놓고 돈을 안 돌려준다고 했다. 불량 화장품을 바르면 예뻐진다고 뻥도 쳤다. 문방구 아줌마는 진짜 나쁘다. 나도 문방구 아줌마 입술을 토인 입술로 만들고 싶다. 오늘부터 기도할 거다. 제발 문방구 아줌마 입술도 토인 입술로 만들어 주세요! 그런데 400원 주고 산 저 화장품은 어떻게 하지? 엄마가 200원에 산다고 하면 좋겠다.

큰일 날 뻔했구나. 앞으로는 불량 화장품도 사지 말고 또 불량 식품도 사 먹지 말자.

선생님이 도와줄게!

요즘 초등학생들도 외모에 대한 관심이 많아졌어요. 더 예쁘게 보이고 싶은 마음은 누구나 마찬가지일 거예요. 그러다 보니 학교 앞에서 아주 싸게 불량 화장품을 파는 일이 종종 있어요. 얼굴을 하얗게 보이게 하는 화장품, 입술을 빨갛게 보이게 하는 화장품, 어른들의 화장품을 흉내 낸 것들이죠. 하지만 초등학생은 있는 그대로의 건강한 모습이 제일 예쁘답니다.

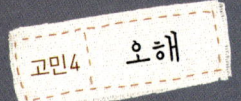

고민4 오해

귀신이냐, 사람이냐

밤에 엄마가 호떡을 사 오라고 했다. 저녁 먹고 라면까지 하나 더 끓여 먹었는데, 또 호떡이 먹고 싶다니! 대단한 배다.

"나를 닮은 넷째가 생겼나?"

아빠가 엄마 배에 귀를 댔다가 엄마한테 잔소리만 들었다. 넷을 낳아도 좋고 다섯을 낳아도 상관없는데 아빠 닮은 아이는 사양이란다.

호떡 장수가 있는 큰 사거리로 가다가 돌돌이를 만났다.

"숙제를 해야 하는데 수학 책이랑 공책을 사물함에 두고 왔어. 숙제 안 하면 우리 엄마가 가만두지 않겠대. 학교에 혼자 들어가기 무서운데 같이 갈래?"

"세상에 공짜가 어디 있냐?"

나는 300원을 받기로 하고 돌돌이와 함께 캄캄한 학교로 들어갔다.

계단을 올라가는데 삐걱삐걱 이상한 소리가 났다.

드디어 3층에 도착! 복도를 걸어가는데 시커먼 그림자가

화장실 안으로 들어갔다.

"귀신이다."

돌돌이는 무섭다고 벌벌 떨었다. 나는 갑자기 귀신이 어떻게 생겼는지 궁금했다. 싫다는 돌돌이 팔을 바짝 움켜잡고 살금살금 화장실로 다가갔다. 귀신이 들어간 곳은 여자 화장실이었다.

졸졸졸졸졸~!

안에서 오줌 누는 소리가 들렸다. 귀신도 똥오줌을 누나?

잠시 뒤 화장실 문이 벌컥 열렸다. 우리는 얼른 숨었다.

화장실에서 나오는 그림자는 사람이었다. 처녀 귀신이라면 머리를 풀어헤쳤을 테고 달걀귀신이면 머리가 빤질빤질할 텐데 그냥 짧은 머리의 남자였다.

가만! 그런데 남자가 왜 여자 화장실에서 나오지? 변태가 분명했다.

나는 눈을 부릅뜨고 복도를 걸어가는 남자의 뒷모습을 바라봤다. 학교 보안관 할아버지를 닮았다. 아니, 틀림없다.

"보안관 할아버지가 어젯밤에 여자 화장실에서

오줌 눴다."

나와 돌돌이는 아이들에게 말했다. 소문은 빛보다 더 빨랐다.

"보안관 할아버지는 어제 몸이 아파서 입원하셨단다."

선생님은 잘 알지도 못하면서 소문을 냈다고 야단쳤다. 왜 착한 보안관 할아버지를 변태 할아버지로 만드냐고 말이다. 나중에 알고 보니 교장 선생님이 밤늦게까지 3층 과학실에서 뭔가 연구를 했다고 했다. 교장 선생님은 남자처럼 머리를 짧게 깎은 여자다. 선생님은 보안관 할아버지가 퇴원해서 오시면 나쁜 소문을 내서 죄송하다고 사과하라고 했다. 변태로 몰았던 사실을 알면 보안관 할아버지가 뭐라고 할까? 아! 전학가고 싶다.

4월 18일 월요일 | 날씨 전보다 해가 길어졌다고 느낀 날

오늘 보안관 할아버지를 변태라고 소문냈다. 남자가 여자 화장실에서 오줌을 누면 변태다. 그런데 보안관 할아버지는 변태가 아니었다. 나는 소문을 낸 것이 잘못이라고 생각했다. 하지만 교장 선생님이 조금 미웠다. 교장 선생님 머리가 남자 같아서 내가 착각했다. 보안관 할아버지는 무서운데 큰일 났다. 엄마한테 전학 보내 달라고 하면 보내 줄까?

보안관 할아버지께 죄송하다고 하면서 사실대로 말하면 용서해 주실 거야. 용기를 내.

선생님이 도와줄게!

우리는 가끔 엉뚱하게 남을 의심하기도 해요. 그 사람의 겉모습만 보고 판단을 하기도 하고, 예전에 했던 일을 떠올려 당연히 또 그랬을 거라고 생각하기도 해요. 또 자신의 생각에 그럴 것 같다고 하면 무턱대고 의심부터 하는 일도 있어요. 정확한 증거도 없이 남을 의심하는 일은 아주 옳지 못한 일이에요. 남을 억울하게 만들 수 있거든요.

고민 5 　차별

진짜 엄마는 왜 돌아가셨나요?

학교를 마쳤을 때 배가 엄청나게 고팠다. 급식으로 이름도 정체도 알 수 없는 나물이 나와서 밥을 조금 먹었기 때문이다.

"집에 가서 엄마한테 떡볶이 해 달라고 해야지."

나는 쪼르륵 거리는 배를 움켜잡고 빛의 속도로 달렸다. 현관문 앞에 섰을 때 집 안에서 달콤하고 매콤한 냄새가 났다.

"와, 떡볶이 냄새다!"

엄마는 내가 떡볶이 먹고 싶어 하는 걸 어떻게 알았을까?

나는 현관문을 벌컥 열었다. 엄마와 미미 그리고 애기가 거실에 둘러앉아 있었다. 중간에는 큰 냄비가 놓여 있고 애기 입은 빨갛게 물들어 있었다.

"조금만 일찍 오지. 마지막 남은 한 개를 애기 입에 넣는 순간 올 게 뭐니?"

나는 부리나케 냄비 속으로 얼굴을 들이밀었다.
냄비가 텅텅 비어 있었다.

"고추장 양념이라도 긁어 먹든가."

엄마는 숟가락을 주며 냄비 가에 묻은 양념을 긁어 먹으라고 했다.

애기는 드라큘라처럼 빨간 입술을 들썩이며 '매워, 매워' 엄살을 부렸다.

"어이구! 우리 애기 매워요? 다음에는 안 맵게 해 줄게."

엄마는 애기 입가에 묻은 떡볶이 양념을 손가락으로 문질렀다. 그러더니 그 손가락을 쪽쪽 빨아 먹었다.

"나도 떡볶이 먹고 싶어. 만들어 줘."

"엄마 지금 바빠. 드라마 재방송 봐야 해."

엄마는 무릎에 애기를 앉히고 텔레비전을 켰다. 그러고는 드라마를 보며 배를 잡고 웃었다. 나는 내가 드라마보다 못한 아이라는 걸 깨달았다. 눈물이 왈칵 쏟아졌다. 미미는 내 눈치를 보더니 방으로 들어가 버렸다.

"자두야, 냄비 좀 싱크대에 갖다 놔."

그렇지 않아도 슬퍼 죽겠는데 심부름까지 시켰다. 나는 콩쥐가 된 것 같았다. 문득 나는 엄마의 친딸이 아닐지도 모른다는 생각이 들었다.

그래, 맞다. 미미와 애기는 엄마를 닮았는데 나만 아빠를 닮았다. 그럼 혹시 나를 낳은 엄마는 콩쥐 엄마처럼 돌아가셨나? 그 생각을 하자 더 슬펐다.

"아빠, 솔직히 말해 주세요. 우리 엄마는 언제 왜 돌아가셨나요?"

아빠는 날씨도 덥지 않은데 내가 더위를 먹어서 헛소리를 한다고 했다. 나를 낳은 친엄마는 지금의 엄마라면서 말이다. 내가 너무 크게 태어나서 엄마가 나를 낳다가 하마터면 진짜 죽을 뻔했다고 했다. 나는 아빠 말을 믿을 수가 없었다. 그런데 밤에 미미와 애기가 다 잠들었을 때 엄마가 피자를 시켜 주었다. 진짜 엄마가 맞는 것도 같고……. 헷갈린다.

4월 23일 목요일 | 날씨 맑은 하늘에 엄마 얼굴이 비친 날

우리 엄마는 미미와 애기한테만 잘해 준다. 나만 미워한다. 떡볶이도 자기들끼리만 배 터지게 먹었다. 나는 엄마가 가짜 엄마라고 생각했다. 아빠한테 진짜 엄마가 누구냐고 물었다가 혼났다. 아빠는 나보고 헛소리한다고 했다. 나는 진짜 엄마가 하늘나라로 떠났을 거라는 생각을 했다. 슬퍼서 울고 있는데 엄마가 피자를 시켜 줬다. 진짜 엄마인가? 나는 헷갈렸다.

참! 잘했어요

동생이 어리니까 잘해 주시는 거야.
엄마는 자두도 엄청 사랑하실 거야.

선생님이 도와줄게!

누구나 엄마가 동생이나 언니와 나를 차별한다고 생각해 본 적 있을 거예요. 그래서 친엄마를 찾아간다고 가출했다 돌아온 아이도 있다고 해요. 하지만 부모님이 차별을 하는 것은 아니에요. 형제나 자매도 제각각 다르기 때문에 그 다름을 인정하며 그에 맞게 대해 주는 거지요. 동생들보다 나에게 부모님의 관심이 적다고 생각한다면 내가 컸다는 증거예요.

"진짜라니까."

윤석이가 아이들을 모아 놓고 침을 튀겨 가며 떠들고 있었다.

"아픈 강아지가 분식집 앞에 버려졌대."

민지는 내 손을 잡고 눈물까지 글썽거렸다.

"그래도 강아지가 밥은 얻어먹게 분식집 앞에 버렸군. 그 주인 착하네."

"자두, 너 그걸 말이라고 해?"

아이들이 합창이라도 하듯 말했다. 내 말은 쓰레기 더미나 위험한 도로에 버린 것보다는 착하다, 이 말이었는데. 나는 한순간 동물을 사랑할 줄 모르는 나쁜 아이가 되고 말았다.

"내가 그 강아지를 구하겠어."

나는 한쪽 팔을 번쩍 들고 큰소리쳤다.

"언제 구할 건데?"

"학교 끝나고."

"흥, 그때는 이미 나쁜 사람에게 잡혀갔을걸. 괜히 큰소리 치는 거지? 자두 네가 절대 그런 아이가 아니지. 지난번에 지나가는 강아지 꼬리를 잡아당기다가 물리기도 했잖아."

은희가 콧방귀를 뀌었다. 잘난척쟁이가 기억력도 좋다.

쉬는 시간에 분식집으로 갔다. 원래는 흰색 같은데 흙투성이 갈색 강아지가 분식집 앞에 쪼그리고 있었다.

눈에는 제 머리통만 한 눈곱이 끼어 있었다.

"너를 구조하러 온 천사님이시다."

나는 강아지를 덥석 안고 학교로 왔다. 공부 시간에는 가방에 넣어 놓았다. 강아지가 낑낑거리는 소리에 선생님이 무슨 소리냐고 물었다.

"자두가 방귀 뀌는 소리예요."

윤석이 말에 선생님은 꽈리 부는 소리 같다면서 웃었다.

그런데 시간이 지날수록 엄마가 걱정됐다. 이제는 강아지 밥까지 해 먹이고 똥오줌까지 치워야 하느냐고 화를 낼지도 모른다.

성훈이에게 그 말을 했더니 유기견 보호소에 보내라고 했다. 유기견 보호소는 길을 잃은 강아지나 버림 받은 강아지가 가는 곳이라고 했다.

"유기견 보호소에서는 열흘 정도 지나도 누가 입양해 가지 않으면 안락사 시킨다던데. 안락사는 살아 있는데 억지로 죽게 하는 거야."

민지가 말했다. 그때 강아지가 작고 보드라운 혀로 내 손등을 핥았다. 따뜻했다. 말도 안 된다. 이렇게 따뜻한 강아지를 억지로 죽이다니.

'그래, 집에 데리고 가자. 설마 딸을 내쫓기야 하겠어?'

내 용돈으로 사료를 사서 먹인다고 하지 뭐.

그런데 걱정이다. 병원에 데리고 가야 하는데 동물병원 병원비는 엄청 비싸다고 했다. 내 용돈 갖고는 어림도 없을 거다. 하지만 그렇다고 해서 강아지를 버리지는 않을 거다.

5월 10일 화요일 | 날씨 하늘이 내내 인상을 쓰더니 결국 운 날

분식집 앞에서 강아지를 주웠다. 꼴이 거지 같았다. 키운다고 하면 우리 엄마 성격에 가만 안 둘 거다. 나를 쫓아낼 수도 있다. 그럼 나도 강아지처럼 거지꼴이 된다. 유기견 보호소인가, 거기 가면 억지로 죽인다고 했다. 강아지를 억지로 죽이면 불쌍하다. 병원에 가야 하는데 돈이 없다. 하늘에서 돈이 막 떨어졌으면 좋겠다. 그럼 엄마한테 돈을 주고 키우자고 할 거다.

우리 자두가 동물을 많이 사랑하는구나!
선생님도 잘되길 바랄게.

선생님이 도와줄게!

요즘 길가에 버려지는 강아지들이 참 많대요. 처음에는 작고 예뻐서 샀는데 덩치가 커져서 버리는 사람이 있어요. 강아지가 병이 들었다고 버리기도 해요. 동물도 사람과 마찬가지로 귀중한 생명을 가졌어요. 한번 키우기 시작하면 죽을 때까지 잘 키워야 해요. 그게 책임감이에요. 꼭 강아지를 키우는 문제가 아니더라도 사람은 언제나 자기가 하는 일에 끝까지 책임질 줄 알아야 해요.

엄마가 멜빵바지를 새로 사 줬다. 배부터 엉덩이 부분까지 펑퍼짐한 바지였다. 엄마는 그걸 나에게 입혀 놓고 아주 귀엽다고 난리였다.

"시장에 있는 아동복 가게가 문을 닫는다고 아주 싸게 팔더라고."

내가 그럴 줄 알았다.

"누나, 귀여워."

애기도 덩달아 말했다. 아무리 봐도 그저 그런 바지인데 귀엽게 보이는 거는 다 내 얼굴 덕이다.

오늘은 귀엽다는 말을 많이 듣게 생겼다. 흥! 은희가 배 아파하겠네.
"자두야! 너 항아리 같다, 항아리! 우히히히!"
교실에 들어서자마자 윤석이가 놀렸다.
항아리, 항아리라니! 죽었어!
나는 성난 코뿔소처럼 윤석이를 향해 돌진했다.

펑! 뭐가 터지는 소리가 나면서 윤석이가 뒤로 벌렁 자빠졌다.

"와! 큰 항아리하고 부딪힌 느낌이야."

윤석이는 이렇게 한마디 하더니 기절하고 말았다.

선생님은 나를 한 시간 넘게 야단쳤다. 보건실로 업혀 갔던 윤석이가 멀쩡하게 교실로 돌아왔는데도 계속 야단쳤다. 솔직히 윤석이가 먼저 잘못했는데…….

"선생님보고 누가 항아리라고 하면 참겠어요?"

나는 너무 억울해서 소리쳤다.

"항아리가 아니면 그만이지 왜 친구 머리를 들이박아?"

항아리가 아니면 그만이라니! 세상에 그런 말이 어디 있담. 선생님은 나를 실컷 야단치고 나더니 윤석이 머리를 쓰다듬었다.

"괜찮은 거지?"

아주 살살 녹는 부드러운 목소리로 이렇게 말하면서 말이다.

콧잔등이 찡해졌다. 선생님은 나만 미워하는 게 틀림없다. 나쁜 선생님!

나는 오늘부터 선생님을 미워할 거다. 눈도 절대 안 마주칠 거고 뭘 물어도 대답하지 않을 거다. 선생님이라고 부르지도 않을 거다. 가만! 그럼 뭐라고 부르지? 아줌마? 아니다, 결혼도 하지 않았는데 아줌마라고 부르면 저 성격에 가만있지 않을 거다. 아가씨라고 불러야겠다.

청소를 하고 있는데 선생님이, 아니 아가씨가 자꾸 내 뒤를 왔다 갔다 했다. 다른 때 같으면 왜 그러느냐고 물어봤을 거다. 하지만 이제는 관심을 갖지 않을 거다.

"우리 자두, 그 옷 입으니까 굉장히 귀엽다. 선생님이 지금까지 본 모습 중에서 최고로 귀여워."

헉! 그 말을 지금에서야 하면 어쩌라고. 이미 내 결심은 바위보다 더 굳은데. 어떻게 하지? 그냥 선생님이라고 부를까?

5월 29일 금요일 | 날씨 화창한 날씨에 찬물을 끼얹은 날

윤석이 머리를 박아서 기절시켰다. 선생님한테 혼났다. 나는 억울했다. 윤석이가 먼저 나보고 항아리라고 했는데. 그것도 모르고 선생님은 윤석이 편만 들었다. 아주아주 나쁜 선생님이다. 나는 선생님을 선생님이라 부르지 않고 아가씨라고 부를 거다. 그런데 선생님이 나보고 귀엽다고 했다. 고민이다. 다시 선생님이라고 불러야 하나? 그러면 내가 변덕쟁이다.

에고! 선생님이 그런 적이 있었지.
선생님은 자두가 미워서 그랬던 거 아니야!

선생님이 도와줄게!

한 번쯤 선생님에게 서운한 마음을 가졌던 경험이 있을 거예요. 나와 친구가 함께 잘못했는데 나만 야단치고 나만 미워하는 것 같기도 해요. 하지만 선생님은 중간에서 항상 공평하답니다. 아마 다친 친구가 있으면 그 친구를 더 걱정해서 나만 미워하는 것으로 보일 거예요. 선생님에게 서운한 마음이 들 때면 선생님을 찾아가 대화를 해 보는 것도 좋은 방법이에요.

저녁을 먹으며 텔레비전을 봤다. 주말 드라마에서 예쁜 여자 주인공도 밥을 먹고 있었다. 넓은 접시에 달걀 후라이만 한 고기를 놓고 포크와 칼로 손톱처럼 작게 잘라서 먹었다.

"이야, 진짜 우아하게 밥 먹네. 여자라면 저렇게 먹어야지."

아빠가 여자 주인공을 보고 감탄했다. 그러더니 혀를 끌끌 차며 나와 엄마를 바라봤다. 상추쌈을 주먹만 하게 싸서 입에 넣던 엄마가 멈칫했다. 나는 고등어

한 점이라도 더 먹기 위해 미미와 싸우던 젓가락질을 멈췄다.

"자두야. 저 주인공은 우아한 게 몸에 배어 있잖아. 너도 저러면 좋겠다."

참 나, 우리 집에는 포크도 없고 음식 먹는 칼도 없는데 어쩌라고. 그리고 저런 고기는 구경도 못해 봤다.

"우아한 거 좋아하시네. 모르는 말씀! 저렇게 먹어서는 기운 없어서 당신하고 자두 사고치는 거 뒤치다꺼리도 못해."

엄마가 상추쌈을 입에 넣고 볼이 터지도록 우물거렸다.

그리고 오늘 점심 급식 시간에 돈가스가 나왔다.

"나는 작은 거 여러 개 주지 말고 큰 거 한덩어리 줘."

은희가 급식 당번에게 말했다. 그러더니 가방에서 포크와 칼을 꺼냈다.

"급식표 식단을 보고 오늘 돈가스가 나오는 거를 알았지. 돈가스나 스테이크를 먹을 때는 이렇게 먹어야 우아해."

은희는 주말 드라마 여주인공처럼 돈가스를 썰어 먹었다. 다른 반찬은 먹지 않았다. 목에는 냅킨인지 뭔지를 둘렀다.

"자두 너는 돼지처럼 허겁지겁 먹냐?"

돼지라니! 나는 결심했다. 나도 우아하게 밥을 먹기로.

"고기 반찬 줘. 스테이크, 돈가스!"

나는 엄마를 졸랐다. 엄마는 소고기는 비싸다고

돈가스를 해 줬다. 나는 포크와 부엌칼을 들고 돈가스를 먹었다. 목에는 수건을 둘렀다. 학교 급식도 먹지 않고 돈가스를 싸 가서 먹었다. 은희가 부엌칼이라고 놀렸지만 새로 나온 음식 먹는 칼이라고 우겼다.

"우아한 것도 좋지만 김치랑 채소도 먹어. 한 가지만 먹으면 똥도 안 나오고 건강에도 안 좋아."

엄마가 걱정했다. 하지만 나는 우아한 게 몸에 밸 때까지 돈가스만 썰어 먹을 거다. 그런데 4일째 되는 날부터 돈가스만 보면 구역질이 났다. 돈을 천만 원 준다고 해도 더 이상 못 먹을 거 같았다. 5일째 되는 날 아침부터는 똥이 아예 나오지 않았다. 배는 끊어질 듯 아픈데 말이다.

우아한 게 중요한 걸까? 똥을 잘 누는 게 중요한 걸까?

6월 17일 금요일 | 날씨 화장실에서 빗소리를 들은 날

아빠가 밥을 우아하게 먹으라고 했다. 엄마가 상추쌈을 먹다가 아빠와 싸웠다. 은희는 나보고 돼지처럼 밥을 먹는다고 했다. 나는 돼지가 아니다. 사람이다. 나는 돈가스만 먹기로 결심했다. 스테이크인가 그게 먹고 싶었는데 엄마가 비싸서 안 된다고 했다. 그런데 고기만 먹으니까 똥이 안 나왔다. 엄마는 채소도 먹으라고 했다. 골고루 먹어야 건강한 어린이가 된다고 했다.

자두야, 선생님은 골고루 잘 먹는 아이가 제일 우아하고 멋져 보여!

선생님이 도와줄게!

세상에서 가장 좋은 음식은 비싼 음식이 아니에요. 바로 여러 가지 재료가 어우러진 음식이에요. 가장 우아한 식습관은 음식을 골고루 먹는 거고요. 음식을 골고루 먹어야 건강하고 예뻐질 수 있어요. 건강한 사람이 밥을 맛있게 먹는 모습은 다른 사람까지도 행복하게 만들지요.

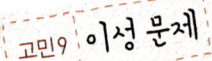 고민9 이성 문제

결혼은 왜 꼭 어른이 되어야 하나?

방과후 수업으로 '노래 교실'이 생겼다. 성훈이가 같이 그 수업을 듣자고 졸졸 따라다니며 졸랐다.

"노래를 그냥 부르면 되는 거지 왜 돈 주고 불러?"

그럴 돈이 있으면 사탕이나 사 먹겠다. 엄마도 분명 반대할 거다. 내가 놀이동산에 가자고 했을 때 왜 돈 주고 놀이기구를 타느냐고 공짜인 놀이터에 가서

타라고 했던 엄마다.

그런데 노래 교실를 지나가며 노래 선생님을 보는 순간이었다. 뾰옹! 내 눈에서 빛이 발사되더니 정신이 멍해졌다. 나는 멍해진 정신으로 나도 모르게 노래 교실 안으로 들어갔다.

"어? 최자두. 안 온다더니 왔네. 등록 안 했잖아."

성훈이 목소리인데 성훈이 얼굴은 보이지 않고 내 눈에는 노래 선생님만 보였다. 크고 검은 눈에 화살처럼 뾰족한 코, 넓은 이마, 딱 내 스타일이었다. 보글보글 파마 머리도 얼굴에 딱 어울렸다. 배가 약간 나온 게 흠이기는 하지만 뭐 성악가들 보면 배는 다 나왔더라.

배에 노래 주머니가 들어 있겠지.

"노래 교실 다니려고 왔어요."

나는 앞자리에 앉아 있는 성훈이를 꼬집어서 뒤로 보내고 그 자리에 앉았다. 한 시간이 금방 갔다.

"다음 주 수요일에 만나요."

노래 선생님은 한 명씩 돌아가며 악수를 했다. 왜 노래 교실은 일주일에 한 번만 할까? 수학이나 국어를 빼고 그 시간에 노래 교실을 했으면 좋겠다.

"엄마, 나 결혼하고 싶어."

저녁 밥상 앞에 앉아 숟가락을 입에 물고 말했다.

"결혼? 앞으로 이십 년은 지나야지."

이십 년이라고? 그때가 되면 노래 선생님은 할아버지가 되어 있을 거다. 나는 계속 결혼하고 싶다면서 엄마를 졸랐다. 그리고 밤에 안방에 몰래

들어갔다. 엄마 아빠가 어떻게 자고 있는지 확인하려고. 나도 결혼을 하려면 알아야 하니까.

"으악, 누구야?"

엄마가 놀라서 일어났다. 다음 날 학교가 끝나고 엄마는 나를 끌고 의사 선생님에게 상담을 하러 갔다.

"벌써 사춘기가 오는 건가요?"

엄마는 걱정스럽게 물었다.

"아이가 자라면서 이성에 대한 호기심은 자연스러운 겁니다. 괜찮습니다."

"나는 어렸을 때 안 그랬는데 쟤는 왜 저럴까요? 키우기 힘들어요."

엄마는 의사 선생님에게 하소연했다. 그 옆에서 나는 노래 선생님과 어떻게 하면 결혼할까 그 생각을 했다.

7월 5일 화요일 | 날씨 노래 선생님 때문에 얼굴이 빨개진 날

나는 노래 선생님이랑 결혼하고 싶다. 그런데 엄마가 반대했다. 이십 년이 지나야 허락한다고 했다. 노래 선생님이 할아버지가 되면 결혼을 못하는데 걱정이다. 왜 결혼은 꼭 어른이 되어야 하는 걸까? 그것이 궁금하다. 엄마가 의사 선생님도 만났다. 의사 선생님은 괜찮다고 했다. 엄마가 안심했다.

선생님도 초등학교 때 결혼하고 싶었던 사람이 있었어. 그런데 어른이 되니까 더 좋은 사람이 나타나더라!

선생님이 도와줄게!

어렸을 때 이성에 대해 호기심을 갖는 것은 아주 당연한 일이에요. 동성은 놀이 친구로 생각하고 이성에게는 다른 감정을 갖게 되거든요. 유치원 선생님이랑 결혼하고 싶다는 아이들도 많아요. 그런 호기심을 자연스럽게 받아들이고 여자와 남자가 다르다는 걸 바르게 공부하는 것이 가장 중요하지요.

엄마 친구 복순이 아줌마가 왔다. 복순이 아줌마는 잘난 척도 잘하고 듣기 싫은 소리도 잘한다. 나보고 아빠를 닮아서 얼굴이 못생겼다고 했다. 실컷 못생겼다고 흉을 보고 나서 미안했는지 귀엽다고 했다.

"이 옷, 미국에 사는 애들 고모가 우리 딸 입히라고 선물로 보낸 거야."

복순이 아줌마는 종이 가방에서 노란색 원피스를 꺼내 펼쳤다.

"그런데 우리 딸한테 작아. 자두 입히면 되겠다 싶어서 갖고 온 거야. 이거 아주 비싼 브랜드야. 대신 너희 김치 맛있더라. 김치랑 밑반찬 좀 줘."

"딱 봐도 고급스럽네."

엄마는 노란 원피스에서 눈을 떼지 못했다.

"어머머머, 안 되겠다."

복순이 아줌마는 나를 세워 옷을 대보더니 원피스를 개켜 도로 종이 가방에 넣었다.

"왜에?"

엄마 눈이 튀어나올 만큼 커졌다.

"자두 배 좀 봐라. 완전히 맹꽁이 배야. 원피스 찢어지겠다."

맹꽁이 배라니! 나는 숨을 들이쉬며 배에 힘을 주었다.

"호호호, 그렇게 하니까 올챙이 배 같네. 하지만 그래도 찢어져."

"입혀 보지도 않고 찢어질지 안 찢어질지 어떻게 알아?"

엄마는 눈짐작으로 딱 맞을 거 같다면서 종이 가방을 뺏어들었다. 복순이 아줌마는 그럼 한 번 입혀 보라고 했다. 엄마는 지금은 바빠서 입어 볼 수가 없고 다음 주에 입혀서 복순이 아줌마 집에 놀러 간다고 했다. 그러고는 나에게 빨리 학원에 가라고 집에서 내쫓았다. 참 나, 학원을 보내 주지도 않으면서 무슨 학원을 가라고.

놀이터에서 그네에 앉아 가만히 생각하니 자존심이 상했다. 맹꽁이라니, 올챙이 배라니! 으윽, 나는 원래 원피스 같은 옷은 좋아하지 않지만 뭔가 보여 주고 싶었다.

'좋아. 다이어트를 해서 꼭 그 원피스 입고 복순이

아줌마 집에 놀러 갈 거다.'

나는 당장 저녁밥부터 굶었다. 엄마는 참 좋은 생각을 했다고 했다. 저녁을 굶고 원피스를 입어 봤다. 배에서 안 들어갔다. 나는 다음 날 아침도 굶었다. 엄마는 점심 급식도 배불리 먹지 말고 조금만 먹으라고 했다.

"안 되겠다. 자두야, 원피스 못 입어도 좋으니까 밥 먹자. 네 눈 밑에 다크서클 좀 봐. 그깟 원피스는 뭐 하려고. 건강한 게 최고지."

하루를 꼬박 굶고 나서 엄마는 밥그릇을 들고 나를 쫓아다녔다. 나는 어지러워서 눈을 뜰 수가 없었다. 공부 시간에도 저절로 책상에 엎드려졌다. 밥은 먹고 싶고, 맹꽁이 배라는 소리는 듣기 싫고. 어떻게 하면 좋지?

8월 25일 목요일 | 날씨 덥고 힘도 없어서 금방 지친 날

복순이 아줌마는 나쁘다. 내 배 보고 맹꽁이 배라고 했다. 별로 예쁘지 않은 원피스를 비싼 거라고 자랑도 했다. 내가 입으면 원피스가 찢어진다고 했다. 나는 살을 빼려고 마음먹었다. 엄마도 칭찬해 줬다. 그런데 밥을 안 먹으니까 자꾸 배가 고팠다. 힘도 없어서 책상에 엎드렸다. 공부 시간에 잔다고 선생님이 야단쳤다. 살을 빼지 말아야겠다. 그런데 원피스가 걱정이다.

지금 자두의 모습이 얼마나 건강하고 예뻐 보이는데! 다이어트 하지 마.

선생님이 도와줄게!

텔레비전을 켜면 온통 날씬한 사람들이 인기예요. 가수도 날씬한 사람들뿐이고 배우들도 모두 날씬해요. 그러다 보니 다이어트가 유행처럼 번져 가고 있어요. 하지만 잘못된 다이어트는 건강을 해칠 수 있어요. 특히 한창 자라는 시기에는 골고루 잘 먹어야 키도 크고 건강하게 자랄 수가 있답니다. 건강한 어린이가 가장 멋진 어린이랍니다.

"일요일이니까 같이 마트에 갑시다. 김치를 담가야 해서 짐이 많아요."

엄마는 이불을 끌어안고 잠꼬대하는 아빠를 깨우고 나도 깨웠다. 나는 집을 본다고 했다. 하지만 엄마는 집에서 사고치지 말고 따라오라고 했다. 나는 하품을 하며 따라갔다. 오늘 따라 잠자는 숲 속의 공주가 말도 못하게 부러웠다. 백 년 동안 잠만 자라고 하면 얼마나 좋을까. 그런데 오늘 마트 20주년 기념으로 유명한 아이돌 가수의 특별 공연이 펼쳐진다고 했다.

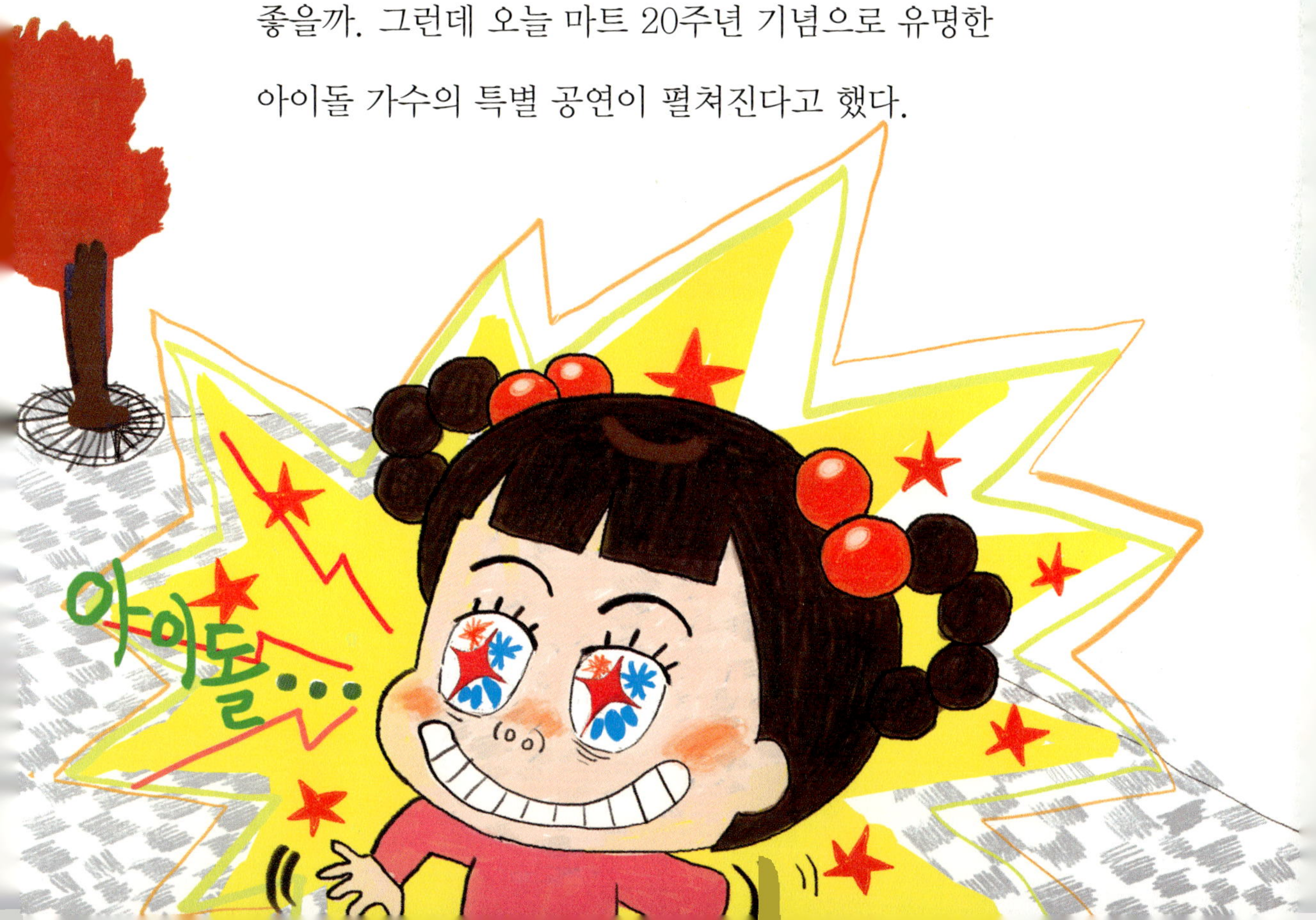

이게 꿈이야, 생시야? 내가 좋아하는 보라보라 언니들이었다.

"이렇게 복잡해서야 원. 보라보라는 텔레비전으로 봐."

엄마는 당장 다른 마트로 가자고 했다. 보고 싶다고 졸라도 소용없었다.

"엄마. 나도 보라보라 언니들 직접 보고 싶어."

미미도 졸랐다. 하지만 미미도 안 통했다.

"애기야. 용돈 받으면 로봇 인형 사 줄게."

나는 애기를 꼬드겼다. 로봇 인형이라는 말에 애기 눈이 번개처럼 번쩍였다. 애기는 콧소리 힝힝 거리며 '보랑보랑 누낭 보공 싶엉.'이랬다.

90

"아이고 우리 애기, 보랑보랑 누낭 보공 싶어용?"

엄마는 아빠 목에 애기를 올리고 사람들을 헤집고 앞으로 돌진했다.

"와 멋지다, 멋져. 자두야. 너도 가수 되어라."

아빠가 보라보라 그룹에 푹 빠져 말했다.

"무슨 말씀을. 가수 되라는 말 하지 마요. 그저 한 달에 한 번씩 월급 꼬박꼬박 나오는 직업이 최고지. 자두야. 너는 선생님이나 동사무소에서 일하는 사람 있지? 그런 사람 되어라."

"에이, 그거는 당신이 몰라서 하는 말이야. 가수가 돈도 잘 벌고 얼마나 좋은데."

"안 된다니까 자꾸 그러네. 자두는 선생님이나 공무원이 되어야 한다고."

엄마와 아빠는 보라보라 언니들이 노래를 부르는

데서 싸웠다. 쿵쾅대는 음악 소리보다 엄마 아빠 목소리가 더 컸다.

나는 노래도 못 부르는데 무슨 가수가 되라고 한담. 그리고 선생님이나 공무원도 그렇다. 되고 싶다고 시켜 달라고 하면 아무나 시켜 주는 것은 아니다.

그리고 나는 솔직히 어묵 장수가 되고 싶다. 시장에서 어묵을 파는 아줌마가 있는데 진짜 맛없다. 내 머릿속에는 맛있는 어묵 요리를 만들 수 있는 아이디어가 가득하다. 하지만 엄마 아빠에게 어묵 장수가 되고 싶다는 말은 못하겠다. 왠지 싫어할 것 같다. 그리고 중요한 것은 내 마음도 자주 바뀐다는 것이다. 작년에는 떡볶이 장수가 되고 싶었다. 좀 있으면 순대 장수로 변할지 모른다. 휴, 엄마 아빠가 내 꿈을 인정해 줬으면 좋겠다.

10월 1일 토요일 | 날씨 춤추기에 딱 좋은 시원한 날

마트에 갔다. 아빠가 보라보라 언니들이 노래 부를 때 엉덩이를 흔들며 춤을 췄다. 아빠가 나보고 가수가 되라고 했다. 엄마는 안 된다고 아빠랑 싸웠다. 나는 가수도 선생님도 안 될 건데 싸워서 사람들이 쳐다봤다. 사람들이 봐서 창피했다. 나는 어묵 장수가 되고 싶은데 비밀로 할 거다. 왜냐하면 그렇게 말하면 엄마 아빠가 또 싸울 것 같아서다. 참, 일기를 쓰다 보니까 순대 장수도 되고 싶다.

꿈은 자주 바뀔 수 있단다. 그러니까 걱정하지 마!

선생님이 도와줄게!

어렸을 때 꿈은 자주 바뀌는 게 정상이에요. 그리고 자신이 가진 꿈을 부끄러워할 필요도 없어요. 내가 하고 싶은 일, 재미있을 것 같은 일을 해야 잘할 수 있거든요. 꿈이 없다면 지금 할 수 있고, 하고 싶은 일을 열심히 하세요. 내가 하는 일을 열심히 하는 게 무엇이 되느냐보다 더 중요한 거예요.

우리 반에 동호라는 아이가 전학 왔다.
"저는 김동호라고 합니다. 취미가 공부이고 특기도 공부입니다."
참, 특이하기도 하다. 잘난 척하는 것이 딱 보니 은희와 비슷하겠군. 같이 급식 먹으면 밥맛이 떨어질 거 같아 밥은 절대 같이 먹지 않기로 마음먹었다.
"아, 참, 특기가 하나 더 있습니다. 축구입니다. 박지성 선수가 싸인한 축구공도 갖고 있습니다."
"박지성 싸인? 그럼 나랑 친구하자. 어느 동네로 이사 왔어?"

취미도 공부
특기도 공부!

윤석이가 손을 번쩍 들고 물었다.

"방글방글 빌라."

방글방글 빌라라고? 그럼 우리 동네인데. 그럼 혹시 101호 아닌가? 어제 101호에 이사를 오는 거 봤다.

"어? 자두도 방글방글 빌라에 사는데."

민지가 하지 않아도 될 말을 했다.

"자두가 누구야?"

동호가 묻자 아이들 눈이 한꺼번에 나에게 쏠렸다. 동호는 나를 한참 동안 바라봤다. 얼마나 빤히 쳐다보는지 얼굴에 구멍이 나는 줄 알았다.

학교가 끝나고 동호가 내 자리로 다가오더니 같이 집에 가자고 했다.

"자두는 나랑 같이 가야 하는데."

"나도 같이 가야 해."

성훈이와 윤석이가 끼어들었다. 우리는 다 같이 어깨를 나란히 하고 교문을 나섰다. 돌돌이는 옆에 서 있다가 엉겁결에 함께 나왔다.

갈림길에서 헤어지고 동호와 둘이 방글방글 빌라를 향해 걸었다. 슈퍼를 지나가는데 웬 뚱뚱한 아줌마가 슈퍼에서 튀어나왔다.

"우리 동호 오네. 어때, 학교는 마음에 들어?"

척 보니 동호 엄마였다. 눈과 코가 동호와 완전 붕어빵이었다.

"안녕하세……."

"네가 자두니?"

동호 엄마는 내 인사는 끝까지 듣지 않고 나를 아래위로 훑어보더니 물었다. 어떻게 내 이름을 알았지? 그때 슈퍼 아줌마가 얼굴을 내밀다가 나와

눈이 마주치자 도로 쏙 들어갔다.

"어서 집에 가자."

동호 엄마는 동호 손을 움켜잡더니 재빨리 돌아섰다.

"쟤랑 놀지 마. 공부를 지긋지긋하게 안 해서 성적도 안 좋단다."

나는 제자리에 우뚝 서서 움직이지 않았다. 치사하다, 치사해. 나도 동호랑 놀기 싫다. 흥! 나는 동호 엄마 뒤통수에 대고 콧방귀를 날렸다. 그런데 이상하게 슬펐다.

10월 31일 월요일 | 날씨 단풍처럼 내 얼굴이 빨개진 날

동호가 전학 왔다. 동호는 은희처럼 잘난 척하는 아이다. 재수 없다. 그런데 동호 엄마가 동호보고 나랑 놀지 말라고 했다. 공부를 못한다고 놀면 안 된다고 했다. 나도 동호랑 안 놀려고 했다. 나는 잘난 척하는 아이는 딱 질색이다. 나는 동호 엄마도 질색이다. 어른들은 공부 잘하는 아이만 최고로 안다. 내가 보기에 나쁜 버릇이다. 동호 엄마가 나쁜 버릇을 고쳤으면 좋겠다.

선생님도 동호 엄마가 나쁜 버릇을 고쳤으면 좋겠다! 호호호!

선생님이 도와줄게!

공부를 못하는 것은 나쁜 것이 아니에요. 물론 공부를 열심히 하는 것이 학생으로서 당연한 일일 거예요. 하지만 공부를 못한다고 해서 모든 것을 다 못하는 것은 아니에요. 에디슨은 학교에서는 낙제생이었대요. 하지만 세계적인 발명가가 되었어요. 그렇다고 공부를 하지 말고 놀라는 말은 아니에요. 공부를 하는데도 성적이 좋지 않다고 스트레스 받을 필요가 없다는 말이에요.

경제를 놀이처럼 쉽고 재미있게!
스마트한 세 살 경제 습관이 여든 간다!

아빠가 알려 주는 경제 이야기

부자가 되고 싶다고요?
자유롭게 돈을 쓰면서 살고 싶다고요?
《태토의 부자 되는 시간》에는
부자가 되는 비밀이 들어 있어요!
똑똑한 경제 동화가 미래의 나를
부자로 만들어 줄 거예요!

어른도 아이도 재미있는 경제보드게임
미래의 부자를 꿈꾸며 재미있는 게임 한 판!

신비아파트 학습 보드게임

카드 게임도 하고
속담, **고사성어**, **국기**도 익히고!

www.haksanpub.co.kr (주)학산문화사 문의 02-828-896